AF434197

Camino Libertario y Anarquista:

Nombre Autor:

Sigfrido Losada Torreiro

Dedicatoria:

Dedico esta modesta obra a :

Mis compañer@s de CNT Corunha(hasta que se disolvió en 2015): Pepe Paz,Alberto ,José Ramón,Rosa, Lucía,Martín, ¨Juan y l@s demás cuyo nombre no recuerdo.

A Suso de la CNT de Betanzos.

A tod@s l@s militantes de CNT y de CGT históricos y actuales.

A tod@s l@s pres@s políticos de cualquier ideología: pues tener una opinión o una convicción política ,según los Derechos Humanos, es algo que no debería estar perseguido en ningún país y , como dijo Chomsky el genial pensador anarquista-:” si no creemos en la libertad de expresión para aquell@s a quienes despreciamos ,no creemos en ella en absoluto”.

A mis compañer@s de Amnistía Internacional Coruña, a quienes no menciono por sus nombres y apellidos, porque tal vez prefieren desarrollar su humanitaria y muy necesaria labor en el anonimato,y sólo los menciono por su nombre de pila:Alicia,Malena,Enrique,Jesús,Nuria,Iván,Luis,Margarita,Eliana, …,etc.

A mi buen amigo D. José Francisco Moreno de Vega , más conocido por Pepe Clavel 8,por haberme apoyado y echado una mano en varias ocasiones.

A mi buena amiga Dª Helena Zapke Rodriguez (profesora de yoga y artista polifacética) y a su familia , por su apoyo.

A l@s responsables de la Biblioteca Social de Olot de CNT de Olot

A la diputad@ de Podemos Dª Rita Bosaho

A la psiquiatra miembro del equipo interno de Podemos Dª Ana Castaño Romero.

A l@s comp@s responsables del Foro Alasbarricadas.org y a l@s comp@s participantes en dicho foro.

A mi madre Dª Carmen Torreiro Caridad autora de la imagen de portada de mi libro : "La sociedad enferma y demente" y a mi hermano D. Luis Losada Torreiro.

A mi padre D. Aurelio Losada Blanco in memoriam.

A Dª Virginia Felipe Saelices Senadora de Podemos por su coraje.

A tod@s las personas que luchan de buena fé por un mundo más justo,más humano,más feminista y más ecológico.

Al escritor D. Manuel Rivas.

Al catedrático y político D. Xosé Manuel Beiras por su lucha incansable.

A los exjueces D. Baltasar Garzón y D. Elpidio Silva

Índice:

I/-. Prólogo:

Después de haber comenzado publicando : "La sociedad enferma y demente" , donde poníamos el dedo en la llaga en los terribles males que padecen las sociedades actuales del mundo occidental(ya no digamos, de los de otras esferas como el llamado tercer mundo), y habiéndonos dejado en el tintero entre las víctimas célebres de la sociedad enferma a alguien discapacitado, hagamos justicia aquí, antes de una segunda edición del libro, comentando que , por ejemplo, la princesa griega Alicia de Battenberg- que era discapacitada- padeció esquizofrenia, o , al menos ,de eso fue diagnosticada .Estuvo hospitalizada, pero salió y consiguió rehacer su vida de forma ejemplar llegando a convertirse en una heroína en la segunda guerra mundial , pues dio cobijo a muchos judíos que huían del terror y la barbarie nazi por lo que hoy es considerada como una "Justa entre las Naciones" de Yad Vashem, -como tantísim@s otr@s héroes , que prefirieron la justicia y la solidaridad a la "barbarie " incluso a costa de sus vidas.

Tras un breve paréntesis en que publicamos un libro de otra temática completamente distinta: "Gente curiosa los psiquiatras", volvemos ahora a los temas sociales y de Justicia Social y Solidaridad, publicando este breve librillo que es una eudaimonología, una colección de aforismos del

arte de vivir , pensado para gente libertaria y librepensadora ,
y ¿por qué no decirlo claramente? : ANARQUISTA!!!!!!.

II/-. Introducción:

Camino Libertario y Ácrata está compuesto por taitantas frases motivadoras,reflexiones, aforismos, consejos y reglas de conducta , pensamiento y sentimiento que – personalmente- me han sido de mucha utilidad en la vida (algunas muy obvias, pero no por obvias menos ciertas ,….,además lo obvio, por "obvio" , en ocasiones se olvida , y no está de más recordarlo de vez en cuando) y que pueden servir de ayuda en la vida de cualquiera ,especialmente de un@ librepensador@r o de un@ libertari@ tanto colectivista como individualista.

Sí que es bien cierto –ya lo dejo claro de antemano- que algunas reflexiones son de carácter espiritual, pues la espiritualidad , aunque los que se llaman ateos lo nieguen , es una faceta importante del humano vivir y además , espirituales o espiritualistas , lo fueron también célebres libertari@s y anarkist@s como Tolstoi o Luisa Capetillo

Ni que decir tiene , que , lo que a mí me ha resultado útil,(aún a pesar de que estos consejos o frases motivadoras provienen de ,-o están inspirados por – grandes pensadores y /o grandes conocedores de la "humana condición") puede que para ti no lo sea.

En cualquier caso, son confidencias como de padre a hij@, de abuel@ a niet@, de herman@ a herman@, de amig@ a amig@, de compañer@ de luchas a compañer@ : al menos, medítalos,…, mucha gente conoce estas grandes verdades , pero no todos las practican , o no lo hacen todo lo que debieran.

Me he inspirado -y ya lo dejo claro de antemano- a pesar de la polémica que probablemente pueda suscitar y generar- en la estructura y en la idea del libro : "Camino " de Escrivá de Balaguer,el fundador del controvertido : "Opus Dei", en principio muy opuesto a lo libertario, pero libro que es excelente como libro de autoayuda.Al igual que Escrivá lo hizo en ese libro con l@s practicantes católic@s, yo lo hago con los libertari@s , librepensador@s, anarquistas,…,etc.Trato de dotar a l@s personas dotadas de un espíritu abierto, y librepensador , especialmente a aquell@s que empiezan en estas lides, de una especie de Vademecum de consejos útiles y no constituye un sacrilegio, puesto que este libro que escribo,como ya lo he puesto de manifiesto anteriormente, también es espiritual en parte.

III/-.CAMINO LIBERTARIO Y ANARQUISTA:

1-. CONCIENCIA: la clave para vivir en equilibrio.

Este es el título de un libro del célebre y no exento de polémica,gurú hindú,Osho.

Personalmente esta frase, me sirve de eslogan para pararme a reflexionar y no hacer las cosas "a tontas y a locas ", como se suele decir.

En la medida en que seamos más y más conscientes en nuestro diario quehacer, en nuestro trabajo , en nuestro ocio y en nuestros valores prioritarios, como la razón , la ética y la tolerancia,cometeremos menos errores, seremos más felices y más capaces de resolver todo aquello con lo que nos vayamos encontrando en la vida y también nos haremos más receptivos a las oportunidades que puedan presentársenos.

2-. Sumiendo a los ingenuos en la desesperación:

Esta frase está tomada del libro del genial psicólogo transpersonal , D. Manuel Almendro, que lleva por título: "Psicología y Psicoterapia Transpersonal".

Independientemente de lo que quisiera expresar M. Almendro, sobre ello, a mí personalmente me sirve para no dejarme llevar por el desánimo ante desaprensivos o desaprensivas, que sólo pretenden aprovecharse de ti , tener poder sobre ti, desanimándote o frustrándote.Y también de estar atento a muchísimos mensajes de la sociedad de consumo y de las élites de poder que hacen – en muchas ocasiones – lo mismo que esos desaprensivos que venimos de mencionar.

Personalmente pienso que , en la Vida, hay que tratar de desarrollar una ecuanimidad que nos aleje tanto del optimismo ingenuo y naif , como de hundirnos en el pesimismo y la desesperación cuando resulta que en muchísimas ocasiones los problemas a los que nos tengamos que enfrentar tienen salida e incluso más de una salida.

3-. ¿ Si fueras consciente de lo que eres capaz de hacer?:

Esto , me lo comentó en su día , una buena amiga   que fue ,cosas de la vida , mi primera pareja estable.

Hay que autoconocerse muy bien y autoexplorarse para conocer y tener claros nuestros límites y nuestras propias limitaciones, pero hay que prestar también gran atención a nuestras capacidades actuales, las que ya usamos y a nuestras capacidades potenciales y / o latentes que están aún sin explorar para llegar a alcanzar todo nuestro potencial que – en muchas ocasiones – es en la práctica más grande de lo que un@ jamás imaginó.

4-. "Orden , Economía y Medida":

Este aforismo creo que es del filósofo Nietzsche, pero no estoy seguro de ello e ignoro si tal vez la tomó de algún clásico del pensamiento anterior a él.

Independientemente de quien sea el autor, es evidente que en cualquier proyecto de vida que nos planteemos, poco lejos se puede llegar si no hay una planificación seria antes, durante y después que comprenda estos tres puntos clave de orden , economía y medida.

*Orden:

 Sin orden reina el caos, todo nos cuesta trabajo encontrarlo, no sabemos ni lo que tenemos ni dónde lo tenemos y no sólo me refiero a un orden en el plano físico sino también a un orden en la mente , es decir , como se dice vulgarmente : "tener la cabeza bien amueblada", sin puntos ciegos ,o los menos posibles, y saber "habitarse a un@ mism@".

*Economía:

Sin dinero y sin presupuestos no es posible llevar a cabo en la vida ningún proyecto que requiera de dinero.

Se supone que habría que ser austeros y ahorrar como mínimo el 10 por ciento de los ingresos que se perciben mensualmente para garantizarse un mínimo colchón financiero que te proteja cuando económicamente las cosas vengan muy mal dadas.

Comprendo que es muy difícil, incluso titánico, ahorrar para quienes viven por debajo del umbral de la pobreza, pues a duras penas consiguen llegar a fin de mes y a duras penas satisfacen sus mínimas necesidades , teniendo en ocasiones que sufrir incluso de pobreza energética: no usar calentadores o calefacción , porque no se lo pueden permitir(a mí personalmente me ha llegado a ocurrir ésto , lo reconozco, de no poder poner la calefacción o de no poder ponerla con la duración y frecuencia necesarias).

*Medida:

Lo voy a ilustrar con el ejemplo de un deportista que quiera practicar musculación en un gimnasio: ni debe caer en el extremo del sobreentrenamiento, entre otras cosas para no lesionarse, ni caer en el extremo contrario , de – por vagancia- no ejercitarse lo suficiente.

Muchas veces en el término medio está la virtud como en su día pusiera de manifiesto el genial filósofo y sabio Aristóteles,el estagirita.

5-. "Son como pruebas que tienes que pasar":

Ésto me lo comentó, en su día ,hace ya muchos años ,un
buen amigo planteándome que la vida en muchas ocasiones
nos impone pruebas , a veces ciertamente muy duras:
penosas enfermedades, accidentes , estresores vitales muy
fuertes ,muertes de amig@s o familiares o mascotas,el
paro,…,etc. que hay que tratar de sobrellevar con la mayor
entereza posible.Los psicólogos expertos en duelo ,
concretamente dicen que es un período normal que hay que
pasar , es una etapa en la que es normal llorar y lamentarse
pero que hay que superar pues como comentan, insisto, los
expertos, todos sufrimos de media en el mundo occidental al
menos entre 2 y 4 dramones de gran envergadura en
nuestras vidas que hay que tratar de superar recurriendo a las
herramientas de resiliencia,lo que supone en definitiva ,ser
como el junco , doblarse pero no quebrarse ante las
dificultades de la vida y soportar,(o tratar de hacerlo , poner
todo cuanto esté en nuestra mano), con la mayor entereza
posible todos los golpes que la vida nos pueda propinar,
pues salvo la muerte y condiciones o enfermedades en
extremo incapacitantes como demencias tipo alzheimer, es
posible incluso salir fortalecido de haberse enfrentado a la
adversidad: como dijo el filósofo Nietzsche : "quien tiene un
por qué para vivir , soportará todos los cómos".

Sólo los que no se rinden están en condiciones de alcanzar la victoria algún día.

"La única batalla que se pierde es aquella que se abandona" Hebe De Bonafini.

6-. "En el día a día":

Es cumpliendo con nuestro trabajo diario(no sólo en el
entorno laboral)como vamos superando dificultades que a
veces nos parecen insalvables pero que , si en el día a día
vamos cumpliendo el programa de tareas asignado ya se trate
de estudio, de trabajo, de luchas sociales o incluso en el
deporte,los objetivos que en un principio nos parecían
insalvables se van alcanzando, cuando ello ocurre, se
fortalece nuestra autoestima.

En el entorno laboral , muchas veces (y especialmente desde
el notable deterioro que se ha producido en las condiciones
laborales en todo el mundo y tamb´én en nuestro país por la
"crisis" y las erróneas medidas de austeridad) que hay que
trabajar mucho , pero mucho mucho, y ganar poco, pero
muchos pocos sumados hacen un mucho más grande.

Para llegar a alcanzar metas lejanas hay que ir dando
muchísimos pequeños pasos cortos o más largos que nos
van acercando a los objetivos que previamente nos
habíamos marcado, la clave está en no desanimarse y no
rendirse, aunque hay que ser realista , pienso yo , ni
plantearse objetivos inalcanzables, ni demasiado fáciles o
"cómodos" que ni nos motiven.

En el día a día vamos puliendo nuestras imperfecciones ,
vamos adquiriendo experiencia para ver qué nos funciona y
qué no y llegamos a adquirir

destrezas y a hacernos expertos en los campos en los que trabajamos o estudiamos o luchamos.

¡Exígete" el camino es duro , pero merece la pena , como dijo Marcos Ana : vale la pena luchar.

7-. Todos los días un poco:

Esta frase, para mí (y creo que concuerdo con muchas personas más) tiene que ver con ser "constante " y es que ya sea, en el trabajo, en el estudio, en el deporte o en la lucha sindical y política,más vale meter caña currándonoslo todos los días que no estar muchos días sin hacer nada y darse grandes atracones de actividad cuando a las tareas que nos reclaman se les acaba el tiempo.

Es preferible ser constante en el día a día que no dejar las cosas para después.

8-.El tiempo es oro y el que lo piede es un bobo":

No estoy seguro de quién dijo esta frase por vez
primera,puede ser un refrán popular y otros dicen que fue
Benjamin Franklin y su : "time is money"

Poco más se puede añadir a la información que ya expresa
este pensamiento: el tiempo ,por ser un bien escaso ,
debemos aprovecharlo principalmente en actividades que
redunden en beneficio propio, de l@s demás y de la
Humanidad,sin olvidar que también hay que destinar un
tiempo para el ocio y especialmente el descanso siquiera sea
por conservar y cuidar la propia salud mental y física.

9-."Remontar los partidos"(sabiduría "futbolística"):

En no pocas ocasiones aunque no estén saliendo las cosas bien en cualquier campo de que se trate: estudios,trabajo,luchas sociales o cualquier otro tipo de conflicto es posible detenerse un momento a valorar la situación,no paralizarse por el estrés y aplicar recursos ya aprendidos ,poner voluntad extra y otros recursos para "darle la vuelta al partido" y así comenzábamos perdiendo y podemos acabar ganando.

Es de alguna manera ,lo que comentaba Hellen Keller : poner de nuestra parte para convertir ; "every struggle into a victory" o , por lo menos , intentarlo , puede que no lo consigamos,pero algo habremos aprendido y sacado en limpio o puede que sí lo consigamos,lo que incrementará nuestra autoestima, aunque también es verdad que una retirada a tiempo es una victoria y evita el desgaste que supone enfrentarse a una situación que requiere de recursos superiores de los que disponemos en ese momento. Es una cuestión de estrategia : saber cuándo continuar o cuándo parar muchas veces es la clave del éxito.

10 -. ¡ Cuidado con la fijeza funcional y la inercia":

La fijeza funcional es un concepto de `psicología cognitiva vinculado a la resolución de problemas y conflictos que alude , dicho sin tecnicismos, a que no somos creativos a la hora de buscar soluciones, sino que solemos funcionar por ensayo y error o por lo que nos ha resultado útil en el pasado ,cuando lo que ocurre es que para problemas nuevos debemos utilizar estrategias y recursos nuevos.

La "inercia " hace referencia a que muchas veces funcionamos en modo de piloto automático dejándonos llevar sin pararnos a reflexionar y , como el ser humano es un animal de costumbres, no suele salir a menudo de su zona de confort, que es lo que se requiere para resolver nuevos problemas que se puedan plantear: las viejas recetas no siempre funcionan y hay que aplicar nuevos "modus operandi".

11-. "descansará cuando haya realizado el trabajo":

Normalmente, cuando consigues el objetivo que te habías marcado , tu mente se regocija y descansa del estrés continuado que ha supuesto perseverar durante tanto tiempo en el objetivo y al relajarse tu mente también se relaja tu cuerpo porque mente, cerebro y cuerpo : psique y soma se influyen mutuamente y como comentan los marxistas si mejoran las condiciones objetivas mejoran las subjetivas y viceversa.

12-. ¡Hasta dónde llega la vagancia!:

Esta frase me la decía mi padre , y es que , con ésto de
utilizar ordenadores , de comprar por internet y demás , nos
estamos volviendo sedentarios y comodones: antes había
que ir a la tienda por todo y normalmente andando- aunque
los más comodones y /o vagos ya cogían el coche para
todo- pero ahora , hoy en día cuando por ejemplo los
trámites bancarios se realizan a golpe de clic en banca
electrónica ya sea a través del ordenador o del móvil, las
vagancia y la pereza pueden llegar a niveles formidables en el
sentido de temibles.

Volverse comodón es malo por muchos motivos , por un
lado porque se puede resentir nuestra salud física por no
realizar el suficiente ejercicio y por otro para nuestra salud
mental porque la gratificación inmediata que proporcionan
fenómenos como internet pueden hacernos olvidar que las
cosas importantes de la vida por regla general se consiguen
con grandísima fatiga como ya expuso en su día el genial
Cervantes Saavedra, el autor del inmortal " El Quijote".

Por otra parte este aislamiento en el que muchas veces se
encuentran cada vez más personas solas con sus
ordenadores pueden llevar a extremos como los
"hikikomoris" que son personas que llegan a pasar incluso
años pegados a sus ordenadores y móviles sin salir apenas a
nada , sin relacionarse un mínimo y enfrascados única y
exclusivamente en actividades mediadas por el ordenador.

13-. Cuidar del cuerpo que es el templo (vasija sagrada en palabras del psiquiatra suizo Carl Gustav Jung) del Espíritu:

Comentamos previamente que , mediante la coordinación neurohormonal entre otras cosas , mente y cuerpo, psique y soma se interrelacionan mutuamente y constantemente.

No tenemos un cuerpo , somos un cuerpo y debemos cuidarlo todas las personas , especialmente aquellas que se dedican a trabajos intelectuales y /o sedentarios ya que practican poca actividad física y está científicamente demostrado que realizar actividad física moderada- por regla general - es muy saludable y beneficioso tanto para el cuerpo como para la salud mental y el bienestar.

Caminar a buen paso es una buena opción , otras son nadar , montar en bicicleta , bailar ,…,etc. o más sutiles como el yoga y el pilates.

14-. ¡Cuidado con las creencias prejuiciosas o preconcebidas que te hayas ido forjando!:

Ocurre que puede ser mejor sobre un tema concreto no tener ninguna opinión ni expectativa que albergar prejuicios sobre ese tema en concreto.

Podemos llegar a ser víctimas de fenómenos como los de correlación ilusoria al realizar inferencias sobre un fenómeno o situación: pongamos el siguiente ejemplo:

El viernes salgo de marcha y bebo toda la noche whiskey con agua y al día siguiente amanezco con una resaca terrible, el sábado vuelvo a salir y bebo toda la noche ginebra con agua y al día siguiente se repite el fenómeno de la resaca , el domingo vuelvo a salir y bebo ron con agua volviéndose a repetir el fenómeno de la resaca , así pues conclusión ¿ qué fue lo común a todas las noches que salí ¿: el agua , no faltaba más, así pues llego a la (errónea) conclusión de que fue el agua la que me causó la resaca en lugar del alcohol, verdadero factor común de las bebidas espirituosas.

Los prejuicios o creencias preconcebidas por ejemplo pensar de antemano que determinadas asignaturas o carreras de matemáticas o de ciencias son muy difíciles puede predisponerte a darte por vencido con ellas antes incluso de comenzar a estudiarlas.

15-. Todos los comienzos son difíciles:

En ocasiones , antes de emprender una nueva tarea, antes de enfrentarnos a un nuevo reto de los que merecen la pena y , por ello , implican bastante esfuerzo como por ejemplo aprobar una oposición , mantener mucho tiempo una huelga indefinida,…,etc. a veces nos amedrentamos ante la magnitud de la tarea que se nos viene encima pero con una correcta actitud, con una adecuada preparación mental y atreviéndonos a dar el primer paso, ya casi tenemos la mitad del trabajo hecho, el resto no es más que tenacidad.Como comentó Benjamin Franklin, un camino de mil millas comienza con el primer paso, atrevernos a dar ese significativo paso es como se expresaba antiguamente , poner una pica en Flandes.

16-. A menos que tú creas en ti mismo nadie lo hará : ese es el secreto que conduce al éxito:

Sin endiosarte tampoco, debes de tener la suficiente confianza en ti mism@ y pasar mucho de las opiniones ajenas: muchos no creerán en ti , otros dudarán,…, a Edison por ejemplo , el genial inventor ,en el colegio lo tacharon de tonto y sin embargo Edison llegó a ser el increíble inventor al que casi todos conocemos con un sinfín de útiles patentes , este "brujo de Menlo Park " como lo denominaban, tuvo Fé en sí mismo y en su propio esfuerzo y logró llegar muy lejos gracias a su creencia en sus mejores capacidades inculcada por su madre.

Cree en ti mism@ y podrás hacer mucho más de lo que supones : te aconsejo que , al menos al principio, no te pongas metas imposibles o muy difíciles , pero en principio, como comentó en su día el emperador romano Marco Aurelio, todo lo que esté al alcance de la provincia del hombre también está a tu alcance : si alguien ya lo ha hecho es muy posible que tú también consigas hacerlo con la consiguiente e ineludible dosis de miles de horas de dedicación , trabajo duro, sudor y esfuerzo inquebrantable.

17-. Considerar algunas verdades como provisionales, no como absolutas , sino como relativas y aplicables sólo en determinadas circunstancias y adoptar una actitud de investigador y no de sabio dogmático.

Hay que huir de los dogmas incluso de los pretendidamente científicos,muchas cosas que eran imposibles para la ciencia hace siglos hoy son realidades cotidianas como la televisión en directo, la aviación , internet, los móviles y muchas otras cosas.

Repito que hay que adoptar una actitud de investigador y no de sabio dogmático pues salvo en matemáticas donde sí que parece que 2 + 2 si que son 4 ,en otras ciencias , en particular en las sociales, hay mucha menos objetividad de la que se supone y debiera y no sólo eso, como demostraron entre otros , los filósofos e historiadores de la ciencia , Kuhn y Lakatos,la Ciencia va cambiando de paradigmas para ir asumiendo otros de mayor poder explicativo y de predicción, por ejemplo en física el modelo planetario orbital del átomo se reveló incorrecto y fue sustituido por otros más acertados sin que por el momento se haya podido llegar a decir la última palabra sobre en qué consisten las partículas mínimas de materia y energía.

18-. Controlar la Respiración es un Tesoro:

Ilustremos esta gran verdad con un ejemplo muy gráfico:
nos da un ataque de ira en una discusión pongamos por
caso de tráfico pero en lugar de dejarnos dominar por la ira y
raptar por lo emocional, hacemos una parada de
pensamiento, respiramos hondo varias veces y ello nos
ayuda a calmarnos y a evitar males mayores, respirando
honda y pausadamente llevando a cabo inspiraciones
profundas y exhalaciones prolongadas soltando la ira que
nos embargaba cada vez que exhalamos. Este ejemplo- y
está corroborado científicamente -nos demuestra que usar la
respiración es posible como un antídoto de la ira, o como
instrumento de relajación.

Pero no sólo en estos casos particulares sino en general
como saben muy bien los practicantes expertos en yoga ,
respiramos usualmente muy mal, deberíamos tod@s de
interesarnos por las técnicas de yoga que se denominan
Pranayama que suponen toda una ciencia de la respiración ,
así como también existen fisioterapeutas que nos pueden
enseñar a respirar más correctamente incluso si existe alguna
afección del aparato respiratorio.

Respirar bien es una de las claves principales de una Buena
salud, pues como seres aeróbicos que somos el aporte de la
cantidad de oxígeno necesaria y adecuada para cada un@ es
fundamental para una óptima salud.

Deberíamos todos dedicar una hora o al menos media hora al día a practicar ejercicios de respiración.

19-. "If" de Rudyard Kipling:

If es un poema escrito en 1895 por el célebre autor inglés de "El libro de la selva",Rudyard Kipling. Está escrito en tono paternal , como un conjunto de consejos para el hijo del autor , un tal John.

Es un ejemplo literario del estoicismo de la época victoriana que no me resisto a plasmar aquí pues personalmente y en más de una ocasión , recordarlo me ha dado estímulo y fuerzas y elevado el ánimo en no pocas y significativas ocasiones.

"Si…"

"Si en tu puesto mantienes la cabeza tranquila

Cuando todo a tu lado es cabeza perdida y te culpan a ti.

Si puedes seguir creyendo en ti mismo cuando todos dudan de ti,

Pero también aceptas que tengan dudas.

Si puedes esperar y no cansarte de la espera,

O si , siendo engañado, no respondes con engaños

O si , siendo odiado no incurres en el odio

 Y aún así no te las das de bueno ni de sabio.

Si puedes soñar sin que los sueños te dominen ,

Si puedes pensar y no hacer de tus pensamientos tu único
objetivo.

Si puedes encontrarte con el fracaso y el triunfo

 Y tratar a esos dos impostores de igual forma.

Si puedes soportar oir la verdad que has dicho

 Tergiversada por villanos para engañar a los necios.

O ver cómo se destruye todo aquello por lo que has dado la
vida

 Y remangarte para construirlo con herramientas
desgastadas.

Si puedes apilar todas tus ganancias

 Y arriesgarlas a una sola jugada,

 Y perder y empezar de nuevo desde el principio

 Y nunca decir ni una palabra de tu pérdida.

Si puedes forzar tu corazón y tus nervios y tendones

 a cumplir con tu objetivo mucho después de que estén
agotados

 Y así resistir cuando ya no te quede nada

 Salvo la voluntad que dice : ¡Resistid!

Si puedes hablar a las masas y conservar tu virtud

O caminar junto a reyes sin menospreciar por ello a la gente
común

Si ni amigos ni enemigos pueden herirte

Si todos pueden contar contigo pero ninguno demasiado

Si puedes llenar el implacable minuto ,

Con sesenta segundos de diligente labor

Tuya es la tierra y todo lo que hay en ella

Y – lo que es más-, ¡Serás hombre,hijo mío!

Se impone un comentario personal: este poema me parece
impecable salvo en una cuestión que me parece un
disparate("más sabe el diablo por viejo que por diablo" reza
el refrán popular) y es en lo de arriesgar todas tus ganancias:
ello me parece de una imprudencia atroz que podría costar
muy caro al que así obrase, por lo demás el poema me
parece digno de alabanza y fuente de ejemplos estimulantes.

20-. Más vale tarde que nunca:

Más vale tarde que nunca para decir te quiero a tus seres queridos ,padres , pareja , parientes , hermanos, amigos.

Más vale tarde que nunca para devolver un favor, pagar una deuda, pedir perdón a un@ amig@ o expareja.

Más vale tarde que nunca para llevar acabo lo que siempre quisiste hacer en tu fuero interno.

Más vale tarde que nunca para comenzar a cuidar verdaderamente de tu salud.,…,etc.

21-. El cuento de las ranitas que cayeron en un cubo de leche y que por resistir nadando pudieron transformar la leche en mantequilla y salir con sus propias patitas.

Esta fábula con moraleja creo que es del psiquiatra argentino humanista Jorge Bucay -experto en autoayuda- que ignoro si a su vez, lo tomó de alguna otra fuente.

Nos sirve de ejemplo para demostrar que la perseverancia puede hacer milagros y que se consigan objetivos que parecían insalvables o se superen obstáculos ciertamente muy complicados y aquí vemos la hipocresía de la sociedad capitalista : si un joven de buena familia es perseverante en el mundo de los negocios se le llama emprendedor, y se le adorna con epítetos como crack, tiburón, ejecutivo agresivo sin que se consideren peyorativos esos términos , por el contrario si el que es emprendedor es un trabajador autónomo de familia humilde se le tacha de ambicioso, arribista,…,etc , por el mero hecho de realizar lo mismo que el joven de buena familia.

En cualquier caso , perseverar en los objetivos y en el camino adecuado suele ser una de las claves del éxito.

22-. "Today is one day "(Christopher Reeve).

Christopher Reeve que creo fue el primero en interpretar a superman – el héroe de cómic- en la gran pantalla, tuvo la mala fortuna de quedar postrado en silla de ruedas tras un accidente en los 90 del pasado siglo XX,posteriormente protagonizó un spot en TV en el que comentaba que cuando las cosas iban bien decía : un día haré esto , otro día haré lo de más allá , pero ese "one day " nunca llegaba y finalmente tuvo el fatal accidente por ello se dirigía a la audiencia diciendo : "today is one day " , hoy es el día para dejar de fumar por ejemplo – si esa es tu inquietud- , hoy es el día para ser más solidario, hoy es el día para apuntarse a CNT o a CGT, o a podemos , por ejemplo,hoy es el día para comenzar a preparar una oposición en serio.

En definitiva el mensaje es claro : no dejemos para mañana lo que podamos hacer hoy porque tal vez un buen día si lo vamos dejando sea tarde y ya no podamos hacerlo ,lo que sea.

No obstante , Christopher Reeve es un ejemplo tenaz de superación: a pesar de quedar postrado en silla de ruedas siguió realizando activismo social y creando una fundación para ayuda a parapléjicos , entre otras cosas.

23-. Tener inteligencia está bien , tener paciencia es major " Siddharta .Herman Hesse:

Esta frase está tomada del libro Siddharta de Herman Hesse una versión muy personal de la vida de Buddha, Hesse llegó a alcanzar el Premio Nobel.

Es indudable que gozar de una buena inteligencia es una cualidad ciertamente muy positiva y útil pero la inteligencia sola no basta es preciso trabajar arduamente y tener la paciencia necesaria para recoger los frutos del trabajo sean estos una cosecha campestre, una campaña sindical o política ,…,lo que sea.

A veces hay que ser paciente para buscar el momento propicio e idóneo para llevar a término algo."

Con las virtudes de la constancia y el trabajo , una persona poco inteligente pero tenaz y perseverante ,puede llegar más lejos que otra muy inteligente ,pero indolente y vaga.

**24-. Escribir está bien , pensar es major.Siddharta .
Herman Hesse.**

De nuevo una frase de Hesse llena de verdad : escribir está
bien ayuda a poner en orden las ideas, a comunicar , pero
previamente requiere del concurso del pensamiento .Actuar
sin pensar es un craso error .como dijo el genio Leonardo
Da Vinci: el que piensa poco yerra mucho.

Hace siglos por parte de los conservadores tradicionales se
habló de "la funesta manía de pensar", pero la realidad es
bien distinta, lo que es funesto es no pensar lo suficiente y
no obrar en consecuencia.

Pensar es de las pocas cosas que nos distinguen de los
animales: nunca es suficiente todo el esfuerzo que hagamos
por pensar adecuadamente siguiendo los dictados de la
facultad de razonar.

25-." Cuentan de un sabio que un día , tan pobre y mísero estaba que sólo se sustentaba de unas hierbas que cojía, ¿ habrá otro , entre sí decía más pobre y triste que yo? Y cuando el rostro volvió halló la respuesta viendo que otro sabio iba cogiendo las hierbas que él arrojó."

Aunque mal de muchos es consuelo de tontos, hay que darse cuenta de que salvo en casos de extrema desgracia , somos más afortunados de lo que parece. Es un rasgo de inteligencia el saber conformarse y adaptarse a lo que un@ posee aunque sea muy poco pues existen muchísimas personas en el mundo que nada o muy poquito tienen.

Además en ocasiones gastamos dinero que nos hace falta en comprar cosas que no necesitamos para impresionar a gente a la que no le importamos.

 Es necesario poseer lo suficiente para vivir con dignidad pero una vez satisfecho lo esencial es absurdo que predomine el tener sobre el Ser,como diría el sabio humanista Erich Fromm y aún más absurdo es aparentar.Erich Fromm derivaría a posturas libertarias al final de su vida. Fruto de sus lecturas de autores como Thoreau.

26-. "No hay más cera que la que arde":

Este es un dicho popular que solía comentar mi madre, que ,
a mi modo de ver quiere expresar que no debemos fijarnos
en lo banal y fútil sino buscar un trabajo serio y de calidad ,
fijarnos en lo verdaderamente importante: el trabajo de
calidad es el trabajo de calidad ,lo demás puede ser basura
superflua.

No te engañes si estás perdiendo el tiempo con pasatiempos
o futilidades: lo verdaderamente útil es lo verdaderamente
útil y el oro verdadero es el oro verdadero y no hay que darle
más vueltas.

27-. "Te ganarás el pan con el sudor de tu frente":.

Este mandato bíblico recogido en los diez mandamientos de
Moisés ,hace hincapié en dos importantes cuestiones: hay
que ganarse el pan que comemos, las posesiones que
ansiamos,…,etc, hay que aportar trabajo útil a la sociedad
especialmente si ́la nuestra fuese una sociedad anarquista
ideal, aún con más razón si cabe, ya que también la sociedad
nos proporciona beneficios y la otra cuestión es que trabajar
requiere esfuerzo y no poco precisamente.

Lo ideal sería una sociedad en la que los trabajos más duros
fueran los mejor pagados y que la gente no se tuviese que
vender su mano de obra ya a un individuo , ya al estado.Lo
ideal es que cada ser humano pudiese repartir su jornada
laboral entre trabajar parte para sí mismo en el campo de su
interés y parte en trabajos de interés comunitario en la
sociedad anarquista, llevando a cabo algo útil para esa
sociedad.

28-. "Hay que tener el coraje de aprender de verdad del pasado y no de vivir en él":

Esta frase se la he tomado al psicólogo y autor Iker Puente , psicólogo transpersonal, y, aunque es muy cierta , no lo es menos que aquellos que no recuerdan el pasado(por ejemplo no aprendiendo de sus errores previos) muchas veces están condenados a repetirlos como comentó en su día el filósofo Georges Santayana.

Está claro , por lo demás, que , una vez bien aprendidas las lecciones , también hay que saber pasar página y saber vivir en el momento presente , labrándose en el día a día un porvenir mejor para tod@s y cada un@.

29-. El anarquismo también se compone de otras luchas que ha hecho suyas y/o que contribuyó esencialmente a fundar como el Feminismo,el Humanismo , y el Ecologismo:

*Feminismo: tenemos entre anarcofeministas famosas muchas donde escoger: Emma Goldman, Voltairine De Cleyre y – en nuestro país a las fundadoras de "Mujeres Libres": Amparo Poch Gascón, Mercedes Comaposada y Lucía Sánchez Saornil.

*Ecologismo: ecologistas célebres anarquistas han sido o son Murray Bookchin y La Anarco-ecofeminista Starhawk

*Humanismo: podemos considerar a Camilo Berneri como un anarquista Humanista, aunque en general prácticamente todas las corrientes anarquistas están impregnadas de humanismo.

30-. La Moral anarquista: Kropotkin:

Cualquier libertari@ y anarquista que se precie de serlo
debería haber leído este libro fundamental de Kropotkin,
donde verá que la solidaridad está demostrada a hasta por la
biología como aventuró el autor, pero no sólo l@s
anarquistas deberían de leerlo, cualquier persona honrada
que busque argumentos morales y éticos, también debería
leerlo.

31-. Solo cuando los demás individuos son libres, aumenta mi libertad como individuo , la esclavitud de uno sólo niega la libertad de todos: Bakunin.

Poco resta añadir a esta gran verdad y algo parecido comentaba el médico guerrillero Che Guevara cuando expresaba que deberíamos sentir la injusticia realizada a cualquiera en cualquier parte del mundo , desde el momento que se tolera que una sóla persona sea esclava o sea tratada muy injustamente , de alguna manera se está tolerando lo mismo para tod@s o para much@s , especialmente entre los pobres y l@s proletari@s.

32-.”Más allá del Ideal habrá siempre Ideal”(Ricardo Mella):

 El genial topógrafo y anarquista gallego Ricardo Mella solía dar en el clavo con sus comentarios concisos en sus libros , como : “Ideario”,”Del Amor”, o “Lombroso y los Anarquistas”.

Poco resta añadir.

33-. ¿Es que no tienen sangre en las venas?

El coraje es muy distinto de la temeridad y /o de las
bravuconadas o de liarse a mamporrazos: hace falta coraje
para ser un@ mism@, hace falta coraje para luchar por tus
ideales sean estos cuales sean, hace falta en muchas
ocasiones coraje para cumplir derechamente tu trabajo
diario,…,etc.

**34-. El genio se compone de 99 por ciento de
"transpiración " y de un uno por ciento de
"inspiración":**

Creo que esta frase está atribuida a Edison(Thomas Alva
Edison) y – en principio- resulta bastante acertada: todos los
grandes genios que han llegado a realizar grandes
aportaciones en el campo de que se trate ,por ejemplo,
Marie Curie, la premio nobel polaco-francesa, con sus
aportaciones en el campo de la radiactividad ,si observamos
con detalle la biografía de esta brava mujer , veremos que
trabajó como una bestia y no sólo en Física y Química sino
también , como madre, ama de casa , voluntaria en la
primera guerra mundial,…,etc.

Es decir, si no has nacido rico , que es lo más probable ,
habrás de sudar la camiseta ,como se dice coloquialmente,
en tu trabajo , en tus estudios , en tu lucha sindical , política ,
activismo o en lo que sea.

35-. Llega a hacerte expert@ en áreas de conocimiento:

Aunque es fundamental ir adquiriendo una sólida base principalmente pero no sólo humanista de Cultura General es también importante , que , a la par , te hagas experto en un arte,oficio o campo de conocimiento,lo que probablemente te ayudará a ganarte la vida especialmente si consigues llegar a ser verdaderamente experto.

Para llegar a ser experto en lo que sea, es bueno contar con un buen maestro , aunque también suele ser posible la formación autodidacta,lo que inplicará trabajar con buenos libros y materiales adecuados.

Es cuestión de unas 10000 horas de trabajo duro pasar de novato a experto en una materia.

36-. No hay mejor lotería que el trabajo de cada día :

No te engañes, por favor , no caigas en el vicio del juego , la
banca siempre gana y no el jugador y en el caso de las
loterías , tienes más probabilidades de tener una accidente de
coche de que te toque la lotería así que tú verás.

Por ello , confía en tu labor: un trabajo honesto y arreglado
puede llevarte a muchos logros y satisfacciones incluidas las
económicas.

37-. Haz el Bien y casi seguro que serás más feliz:

Aunque sí que hay mucha , mucha gente mala o que hace maldades y no le va mal, creo que la base del ser humano sano es la bondad y pienso que serás más feliz si haces el Bien con mayúsculas esto es la base , el abc, de la Moral anarquista de Kropotkin,el hacer el bien de la mano de practicar la solidaridad y el Apoyo mutuo y Ricardo Mella añadiría el Amor al prójimo, a la Humanidad.

Recuerda ésto : una buena conciencia sirve de buena almohada , de ese modo no te asaltarán los remordimientos ni el sentimiento de culpa , que pueden ser terribles.

Como decía la canción:

" es nuestra idea muy lógica y bella

Para con todos solidaridad

 Conseguiremos así toda junta

 La ansiada libertad."

38-. Cumplan con su Deber:

Independientemente de que l@s libertari@s consigamos algún día una sociedad con una moral sin obligación ni sanción, tu propia conciencia , las asambleas por las que nos pudiéramos regular y la voz de la Razón, la Ética y la Tolerancia, te dirán que hagas lo correcto y ello supone cumplir con tu deber.

39-. Es bueno realizar dos horas diarias de ejercicio vigoroso `preferentemente al aire libre, recomendaba el filósofo Schopenhauer:

Muchísim@s anarquistas han sido y son partidarios del naturismo, el escultismo, el veganismo , la vida sana y sobria,…,etc, en principio todas estas posturas y actividades no hacen mal a nadie y son , en general sin llevarlas a extremos bastante sanas.

40-. "¡Salta de la cazuela!:

Esta frase está tomada del libro Reaccionados escrito por Rosa María Artal junto con otros destacados colaboradores , Rosa María Artal que , aunque no es anarquista, lucha mucho tanto desde organismos como ATTAC, como desde su trabajo como periodista y escritora , por un mundo más justo y sostenible,por otro mundo posible y por la defensa del bien común frente al neoliberalismo de nuevo cuño.

La frase me sirve para explicar lo que se conoce como "la fábula de la rana hervida", o "fable de la grenouille cuite", esta fábula viene a decir que si observamos el comportamiento de una rana a la que introducimos de repente en un recipiente de agua caliente , ella escapa de un salto como es lógico, sin embargo si la introducimos en un recipiente con agua fría y progresivamente pero lentamente vamos incrementando la temperatura hasta calentar en ebullición , la rana se habitúa poco a poco a la temperatura y queda cocida.

Esta fábula al parecer está establecida en base a ciertos experimentos científicos que se realizaron a finales del siglo XIX en el más famosos de los cuales introducían una rana en un recipiente de agua fría y progresivamente iban incrementando la temperatura a razón de 0,02 °C por segundo y parece que la rana se habituaba y terminaba hervida, sin embargo a finales del siglo XXI se ha repetido el experimento más o menos con las mismas condiciones y no se ha cumplido esta observación.

En cualquier caso,la moraleja que hay que extraer es que es un hecho típico del comportamiento humano que popularizó el filósofo y escritor francés Olivier Clerc y que básicamente consiste en que las personas,los seres humanos, nos habituamos a situaciones que terminan siendo penosas o degradantes si estas situaciones nos las van introduciendo poco a poco tan poco a poco que nos adaptamos y cuando queremos reaccionar en ocasiones puede ya ser tarde.Ésto ocurre por ejemplo, y es el caso que ilustra Rosa Mª Artal la aplicación en España y Grecia de medidas impopulares y dolorosas como recortes y demás que se aplicaron desde gobiernos neoliberales como pretendida solución necesaria para salvar la crisis económica de entre 2008 y 2017.Van introduciendo las medidas diríase que casi con cuentagotas y así la gente termina más pobre, cobrando menos, con recortes en pensiones, sin trabajo, con recortes en sanidad y en dependencia,….,etc. por ello Rosa Artal nos estimula a que al revés que la rana de la fábula, saltemos de la cazuela y no nos dejemos avasallar:

Apuntarse a sindicatos:
CNT;CGT;CIG;CUT;SAT;USTEA,….,etc es una manera de saltar .

Otra manera de saltar es moverse en política con partidos políticos que estén dispuestos a cambiar las cosas para bien(participar en la política parlamentaria es posible y compatible con un anarquismo posibilista como el que practicó el histórico dirigente de la CNT Ángel Pestaña fundador del Partido Sindicalista en la segunda república española).

Otra forma de "saltar de la cazuela " es formar parte de economías compartidas , de "bancos de tiempo", formar una cooperativa con "compas" si , por ejemplo , os encontráis en el paro,…,etc. En definitiva , como comentó Stéphane Hessel : "¡indignaos y comprometeos!" o incluso, cread vuestro propio partido, si contáis con compañeros que compartan vuestra visión de la política.

41-."El mejor momento para plantar un árbol fue hace 20 años , el segundo mejor momento es ahora:

Si estás sumergid@ en un mar de dudas y no te decides a arrancar , este consejo te viene bien: decídete y comienza, si que es verdad que los primeros proyectos que llevan cabo los emprendedores suelen fracasar, pero de esos fracasos se extraen lecciones para proyectos posteriores.

Te pongo un ejemplo: aprobar una oposición: está claro que lo más probable es que no la saques a la primera, pero habrás creado y desarrollado hábitos, técnicas , estrategias y muchísimas horas de estudio que te facilitarán mucho las cosas para aprobar en ocasiones sucesivas.

Ante todo recuerda que peor que fracasar es no haberlo intentado en serio.

**42-. Donde no hay Justicia es peligroso tener razón ,
pues los imbéciles son mayoría:**

Creo que esta cita es del genial autor del Siglo de Oro
español, Quevedo.

Respecto a la frase en sí, sobran más comentarios.

43-. "La ciencia del Bienestar", "Psicología positiva aplicada":

Son libros del psicólogo Carmelo Vázquez , te los recomiendo , eres muy libre de pasar de ellos o adquirirlos o pedirlos en una biblioteca.

44-. Cosecharás lo que siembres:

No te engañes, aunque sí que es verdad que en ocasiones te
puede venir ayuda de comp@s libertari@s o de gente afín a
tus ideas, de amigos, familia o de quien menos te lo esperas
que podría acabar echándote una mano , normalmente
contarás con el fruto de tu tesón y tu energía.

45-. Quien tiene amigos de verdad, tiene un Tesoro:

La amistad verdadera es difícil de encontrar pues usualmente requiere encontrar personas con grandes afinidades en algún campo, es un tesoro precioso que debemos de mimar y cultivar con esmero.

Como decía Platón : no dejes crecer la hierba en el camino de la amistad

46-. "el Reino de Dios está dentro de vosotr@s" Tolstoi:

Es muy posible que sea cierta esta afirmación del genial escritor y anarquista Tolstoi, aquí la dejo para vuestra reflexión y os aconsejo que leais a Tolstoi, pues son muy interesantes sus aportaciones en materia de espiritualidad así como también su libro sobre su escuela de Yasnaia Polyana ,de como educando en libertad ,se alcanza un orden más justo.

47-. Toma un café contigo mismo:

Es el título de un libro del autor Walter Dressel que no he
leído , pero , independientemente de lo que quisiera expresar
este autor en su libro a mí me sirve de ejemplo para
comentar que sí que es bueno y saludable que de vez en
cuando estés a solas contigo mismo analizando y sopesando
quién eres, de dónde vienes , y a dónde diriges tus pasos en
la vida.

IV/-.Bibliografía:

Se incluyen unos cuantos libros esenciales-a mi modo de ver
—en la formación de un@ anarquista o un@
anarcosindicalista e incluso de cualquier persona culta que
tenga interés en formarse adecuadamente en todos los
campos:

*Ricardo Mella: "Ideario"

*Ricardo Mella: "Del amor :modo de acción y finalidad
social.

*Kropotkin:"La moral anarquista".

*Kropotkin:"El apoyo mutuo".

*Kropotkin:"Memorias de un revolucionario".

*Kropotkin:"Las prisiones".

*Emma Goldman: "Viviendo mi vida "(Autobiografía en
dos tomos, Ediciones de la Fundación Anselmo Lorenzo).

*Bakunin:"Obras Completas"por ejemplo en ediciones La
piqueta.

*Josefa Martín Luengo y colectivo Paideia: "Paideia : 25 años
de educación libertaria".distri-kañera. creative commons.

*Tolstoi: "El reino de Dios está en vosotros".Editorial
Kairós,

Muchos de estos libros es factible adquirirlos en librerías de
segunda mano más baratos como por ejemplo en las que
aparecen en la plataforma de internet Uniliber.

También en librerías del sector anarquista, como la librería "lamalatesta" o la librería de la FAL (Fundación Anselmo Lorenzo).

V/-.Epílogo:

Al amable lector@ le recomiendo que- si tiene interés- amplíe por su cuenta.

Hay muchísim@s,pero muchísim@s pensador@s intelectuales historic@s y actuales en las distintas Corrientes anarquistas,asimismo,hay excelentes historiadores de lo que ha sido el anarquismo y lo que aún es y lo que puede aún llegar a ser.

También existen un sinnúmero de libros de autoayuda : unos con más calidad que otros pero la gran mayoría pueden ser útiles pues como se dijo :no hay libro tan malo que no aproveche en alguna parte.

También existen tanto páginas web como libros que recogen aforismos,máximas, frases célebres y de sabiduría de grandes pensadores.

Espero y deseo de corazón,que este libro haya podido seros de utilidad.

He sido deliberadamente breve por dos motivos : para no encarecer el precio del libro y para que fuera fácil de leer.

VI/-.Sobre el autor/sobre la obra:

*Sobre el autor:

He sido miembro del sindicato CNT de La Coruña durante varios años hasta que se disolvió y desfederó de CNT en 2015.

Soy miembro,socio y activista de Amnistía Internacional sección Española desde 2010.Llevo realizando tareas de voluntariado en diversas ongs y organismos desde 2003.

Soy psicólogo y educador pero actualmente en este momento no ejerzo de ello.

He publicado otros libros en esta misma editorial: "La sociedad enferma y demente " y Gente curiosa los psiquiatras".

*Sobre la obra:

Se trata de un pequeño vademecum de consejos útiles para cualquier persona librepensadora ,anarquista o anarcosindicalista.que comienza en este ámbito.